AF283479

LOOK UP

Poems

ALZA LA VISTA

Poemas

Cubierta y diseño editorial: Éride, Diseño Gráfico

Traducciones: autor

Primera edición: mayo, 2024

Look Up / Alza la vista
© Cary Barney
© éride ediciones, 2024
Espronceda, 5
28003 Madrid

ISBN: 978-84-10051-60-7
Depósito Legal: M-12331-2024

Este libro protege el entorno

LOOK UP

Poems

ALZA LA VISTA

Poemas

Cary Barney

éride ediciones

C a r y
Barney

Cary Barney (Manhasset, Nueva York, 1957)
es escritor estadounidense residente en Madrid
desde 1991. Hizo sus estudios en Marlboro College
(Vermont, EE. UU.) y la Escuela Dramática de Yale.
Durante 27 años fue profesor de inglés, teatro
y escritura creativa en el campus madrileño de la
Universidad Saint Louis. Sus poemas y cuentos
han aparecido en varias publicaciones, y sus obras
de teatro se han representado en Nueva York,
Hollywood y Londres.

https://carybarney.wixsite.com/cary-barney

The following poems appeared in English in these publications:

STTL, Family Dogs, The Kitchen: Tipton Poetry Journal
Earthling: Quail Bell Magazine
The Rape of Europa: Danse Macabre
Annie Lennox, Last Dance: Third Wednesday
Applause, After: Poems from the Lockdown (Willow down Books)
Broken Bird I & II, Saturn's Children: California Quarterly

The Resisted Child (Resignation Songs) and most of the poems in the final section (Adiós, Pareja) appeared in Maritxu, A Love Story, published in 2020 by Lemon Street Press.

Thanks to Alison Luterman, Giedre Pavalkyte and Jeffrey Purvis.

In memoriam
María Blanco Esteban (1955-2018)
Kay Howard Barney (1926-2023)

Los siguientes poemas aparecieron en inglés en estas publicaciones:

STTL, Perros de familia, La cocina: Tipton Poetry Journal
Terrícola: Quail Bell Magazine
El rapto de Europa: Danse Macabre
Annie Lennox, Último baile: Third Wednesday
Aplausos, Después: Poems from the Lockdown
(Willowdown Books)
Pájaro roto I & II, Hijos de Saturno: California Quarterly

El niño resistido (de las Canciones resignadas) y la mayoría de los poemas en la sección final (Adiós, pareja) aparecieron en inglés en Maritxu, A Love Story, publicado en 2020 por Lemon Street Press.

Aquí aparecen todos estos poemas en traducción por primera vez.

Mil gracias a Mayte Mayor por su ayuda con las traducciones. Gracias también a Alison Luterman, Giedre Pavalkyte y Jeffrey Purvis.

En memoria de
María Blanco Esteban (1955-2018)
Kay Howard Barney (1926-2023)

Prologue.. 12
    The Desert 12

Suicide Moon 14
    Earthling 14
    Sol 18
    S.T.T.L. 22
    Family Dogs 26
    Broken Bird I 30
    Broken Bird II 32
    Nine Resignation Songs 34
        News 34
        Love 36
        Memory Women 38
        Don't Ask Me 40
        Principles 42
        Faith 44
        Death 46
        Originality 48
        The Resisted Child 50
    Suicide Moon 52

Annus Subitarius 64
    Applause 64
    Astronaut 68

Prólogo 13
    El desierto 13

Luna suicida 15
    Terrícola 15
    Sol 19
    S.T.T.L. 23
    Perros de familia 27
    Pájaro roto I (traducción
       de María Blanco Esteban) 31
    Pájaro roto II 33
    Nueve canciones resignadas 35
        Noticias 35
        Amor 37
        Mujeres evocadas 39
        No me preguntes 41
        Principios 43
        La fe 45
        La muerte 47
        Originalidad 49
        El niño resistido 51
    Luna suicida 53

Annus subitarius 65
    Aplausos 65
    Astronauta 69

After 72

Afterthought 76

Annus Subitarius 78

The Rape of Europa 84

White Christmas 84

Credo 92

Yaphet Kotto Versus the Doge
of Venice 96

Saturn's Children 100

The Rape of Europa 102

Adiós, Pareja 118

The Odds 118

Atlantic 122

Hospital Scenes 138

Annie Lennox 146

Last Dance 150

The Kitchen 152

All Mourn All 156

Blues for Sam 158

Adiós, Pareja 164

Epilogue 168

Look Up 168

Después 73

Aditamento 77

Annus subitarius 79

El rapto de Europa 85

Navidad blanca 85

Credo 93

Yaphet Kotto contra
el Dogo de Venecia 97

Hijos de Saturno 101

El rapto de Europa 103

Adiós, pareja 119

Las probabilidades 119

Atlántico 123

Escenas de hospital 139

Annie Lennox 147

Último baile 151

La cocina 153

Todos lloran a todos 157

Blues para Sam 159

Adiós, pareja 165

Epílogo 169

Alza la vista 169

The Desert

I cross a desert
carrying no water
pretending I'm not thirsty.

I reach an oasis
and try to remember
how to drink.

El desierto

Cruzo un desierto
sin llevar agua
fingiendo no tener sed.

Llego a un oasis
e intento recordar
cómo beber.

Earthling

The Earth moves, but so does the sun,
dragging you along toward some constellation,

while the Milky Way slowly circles the drain
of the black hole at its vortex

and glides serenely toward Andromeda
across the vast ballroom of their cluster,

a small herd of galaxies scurrying as one
out from the bang of creation.

From a fixed point, then, in a universe of none,
your path, Earthling, is no tidy circle

but a streamer tossed into space,
unraveling in corkscrew swirls and spirals.

Terrícola

La Tierra mueve, pero el Sol también,
arrastrándote hacia alguna constelación,

mientras la Vía Láctea da vueltas lentas
por el desagüe del agujero negro en su vórtice

y se desliza serenamente hacia Andrómeda
cruzando el gran salón de baile de su cúmulo,

pequeña manada de galaxias huyendo juntas
saliendo del estallido de la creación.

Desde un punto fijo, pues, en un universo que no
    tiene,
tu senda, Terrícola, no es círculo limpio

sino una serpentina arrojada al espacio,
desenredándose en espirales de sacacorchos.

A year of this brings you back
to where you've never been,

a table with a cake, champagne
and a shifting crew of fellow cosmonauts

cheering you on as you boldly go.[1]

---

[1] Introduction to the original Star Trek series: «to boldly go
where no man has gone before».

Un año de estos te devuelve
a donde nunca has estado,

una mesa con pastel, cava
y una tripulación cambiante de cosmonautas socios

animándote mientras audazmente vas.[1]

[1] La introducción de la serie original de Star Trek: «to boldly
go where no man has gone before».

«I hate a damn silly sun that makes men into
butter…»
   – James Joyce (letter to his brother)

Here comes too much sun, melting you
into a pool of contentment.

You can't move, can't want to move.

Waves lap at painted toenails
and at the rim of your glass.

The days bleed into each other,
dateless, seasonless,
blanched into blankness.

Once you understood how this came into being.
Now you only know how good it feels.

Loving it won't cost your soul,
just the cold-honed edges
that defined you
and framed your world.

It's still up north somewhere, mail piling up.

Sol

«Odio un maldito sol tonto que de los hombres
hace mantequilla…»
    – James Joyce (carta a su hermano)

Ya viene demasiado sol, derrotándote
en un charco de autocomplacencia.

No te puedes mover, ni quieres moverte.

Las olas lamen a las uñas pintadas del pie
y a la orilla de tu copa.

Los días se destiñen de uno a otro,
sin fecha, sin estación,
blanqueados hasta la vaciedad.

Solías entender cómo todo esto se formó.
Ya solo sabes lo bueno que te hace sentir.

Amarlo no te costará el alma,
solo los bordes fríamente afilados
que te solían definir
y que enmarcaron tu mundo.

Sigue en un algún lugar al norte, correo acumulándose.

Friends wonder where you've gone
or enviously know, wishing
the sun would find them too.

What could you tell them
if all your words have gone limp,
drunk at midday
on all the floodlit beauty?

The flatline of sea
cancels your plans for today,
cancels everything.

Amigos preguntan dónde has ido
o con envidia saben, deseando
que el sol les encontraría también.

¿Qué les podrías contar
con tus palabras ablandadas,
borrachas a mediodía
de toda la alumbrada belleza?

La línea muerta del mar
cancela tus planes para hoy,
cancela todo.

S.T.T.L. (Sit Tibi Terra Levis)

May the earth be light upon you, not impede
your rising, but draw you up from dark sleep
toward the always waking day, may the earth
not trap your dust in slabs of clay,
may the wind again catch you, toss you,
let you settle, rise, ride again the waves
and wafts of elements, again mingle, mix,
dance with others' dust, may the earth
release you like confetti, to celebrate
what you have been, what you will be.

May the earth be light upon you, not crush
your breasts, compound the pressure
at your temples, crack your limbs, your spine,
or squeeze your heart to stone, but leave you room
to seep and wander between particles,
find the reaching roots of pine and jasmine,
flow upward into branches, needles, leaves,
seek again the sun, soak in its light,
become breath, breathe, transpire
into wind and water and infinite freedom.

---

[2] Impossible to reproduce in Spanish the play on the word
«light» of the original.

S.T.T.L. (Sit Tibi Terra Levis)

Que no te pese[2] la tierra, no bloquee
tu ascenso, sino arrástrate del sueño oscuro
hacia el día siempre despertando, que la tierra
no atrape tus polvaredas en losas de barro,
que el viento te recapture y lance,
que te deje asentar, alzar, rodar por las olas
y elementos aéreos, remezclar, bailar
con polvareda de otros, que la tierra
te suelte como confeti para celebrar
lo que has sido, lo que serás.

Que no te pese la tierra, no aplaste
tus senos, aumente la presión
en tus sienes, rompa huesos, espina
o petrifique tu corazón, sino ábrete paso
para filtrar, vagar entre partículas,
llegar a las raíces de pino y jazmín,
fluir a lo alto a las ramas, agujas, hojas,
rebuscar el sol, empaparte de luz,
hacerte aliento, respirar, transpirar
en aire y agua y libertad infinita.

---

[2] Imposible reproducir en castellano el juego con la palabra
«light» en el original (pesado, luz).

May the earth be light upon you, the sea
lift it from you layer by layer, wash it
from your bones and slowly roll them,
soften your jagged wounds, dissolve
your pain and let you swim once more
among the tuna and darting sardines,
ride the wind-blown spume and splash
the faces of sailors, tickle the ankles
of screeching children, wet the sand
and keep it from searing their feet.

May the earth be light upon you, buffer
the quakes that would crack your tomb,
that would topple this slab upon you
and imprint these letters in your soft flesh,
may the earth be light upon you, come loose
spadeful by spadeful, free you from the grid
of stakes and yarn archeologists impose
upon the shape-shifting land, may the earth
be light, become light, alight upon you,
light your way back into the light.

Que no te pese tierra, que el mar
te la quite capa por capa, la enjuague
de tus huesos y los ruede lentamente,
suavice tus heridas serradas, disuelva
tus dolores y te deje de nuevo nadar
entre los atunes y veloces sardinas,
volar con la espuma y salpicar
caras de marineros, cosquillar
a los tobillos de niños gritones,
mojar la arena y que no les queme sus pies.

Que no te pese la tierra, que amortigüe
los terremotos que tu tumba rajarían,
que te derribarían encima esta losa
imprimiendo en tu carne blanda estas letras,
que no te pese la tierra, que se suelte
palada por palada, liberándote del cuadro
de estacas e hilos impuestos por arqueólogos
sobre la metamorfa tierra, que sea la tierra
ligera, conviértase en luz, asiéntase sobre ti,
ilumine su camino de vuelta a la luz.

Family Dogs

They bit with our clenched teeth
while our clenched smiles played at harmony.
No, nothing's wrong, we said, biting the words.
No plates are crashing. No doors are slamming.
I'm not angry. Have some more.

But dogs hear frequencies we don't,
or don't want to, and biting was
the only way to say what they knew.
They bit hard and didn't release
but bit deeper, then stopped
and sad-eyed smiled and wondered
what was wrong. The kindly vet
put them to sleep, good night.

We didn't talk about it.
Each dog was suddenly gone, and we got up
and poured our cereal, walked to school.
The leash hung dusty on its garage nail.
Later we blamed it on the pedigrees
we'd paid for, all the inbreeding,
scotties for their rat-trap jaws,
springers for obedience in the hunt.

Tarascaban con apretados dientes nuestros
mientras con sonrisas tensas fingíamos armonía.
No, no pasa nada, dijimos, mordiendo las palabras.
No chocan platos. No golpean puertas.
No estoy enfadado. Tome más.

Pero los cánidos oyen frecuencias que nosotros no,
o no queremos, y morder era
la única manera de decir lo que sabían.
Mordieron fuerte y no soltaban
pero mordieron a fondo, después paraban
y con ojos tristes preguntaron
qué había de malo. El amable veterinario
les metió a dormir, buenas noches.

No hablamos del asunto.
Cada perro de pronto no estaba, y nos levantamos,
vertimos nuestros cereales, caminamos a la escuela.
La correa se colgó polvorienta de un clavo en el garaje.
Luego culpamos a los pedigrís
que habíamos comprado, la endogamia,
scotties por mandíbulas atraparratas,
springers por obediencia en la caza.

But our dogs bit with our clenched teeth
and left our own teethmarks in our flesh,
and what we meant to put to sleep in them
is still awake in me.

Pero los perros tarascaban con nuestros dientes
y dejaban nuestros mordiscos en nuestra carne,
y lo que queríamos dormir en ellos
sigue despierto en mí.

The silent beak opens and opens,
reaching for words to deny this grounding.
The jutting elbow shakes
but cannot lift its feathers, cannot lift.
Can such simple black eyes know
the sky is gone from them now
and the ground forever still?

The others did not wait,
they've flown beyond the last
of all denuded trees.
The broken bird can only fly
to where the frozen earth
has met his dying brown breast,
a margin to be crossed,
the closest and farthest horizon.

Pájaro roto I

Se abre y abre el pico silencioso,
queriendo encontrar palabras que nieguen su caída.
Tiembla el esfuerzo de su pata
incapaz de alzar sus plumas, incapaz de alzarlas.
¿Sabrá la sencilla negrura de sus ojos
que el cielo ya marchó de ellos
y el suelo quedó yerto para siempre?

Los demás no esperaron,
ya han volado más allá del último
de los árboles desnudos.
El pájaro roto tan solo puede volar
allá donde la tierra helada
ha tocado su pardo pecho agonizante,
un margen que cruzar,
el más cercano y más remoto de los horizontes.

(Traducción: María Blanco Esteban)

Broken Bird II

All birds crash to the ground,
no longer poems in flight,
but what were the chances
this one would drop from a tree
at the moment someone (me)
was passing who once wrote
a poem about a broken bird?

Here lay the bird, on its back,
its feet clawing for sky, its beak
gaping and gaping in mute agony
like the beak of my imaginary bird.
Had my long-ago words
summoned it to die at my feet?
Was there a providence in its fall?

It silently cried of hopelessness
but just its own, I assured myself,
not mine, not yet, not the world's.
I stomped it out of its misery
and covered it with leaves.
The other birds kept singing
and I kept walking,

waiting for the next bird to fall.

Pájaro roto II

Todos los pájaros se estrellan a la tierra,
dejando de ser poemas volando,
¿pero qué probabilidad había
de que este iba a caer de un árbol
en el instante que alguien (yo)
pasaba por allí, quien una vez escribió
un poema sobre un pájaro roto?

Aquí yacía el pájaro, boca arriba,
con sus pies agarrándose del cielo, pico
abriéndose y abriéndose en agonía muda
como el pico de mi pájaro imaginario.
¿Acaso mis palabras antiguas
le habían llamado para morirse a mis pies?
¿Había providencia en su caída?

Silenciosamente lloró de desesperación
pero solo la suya, me aseguré,
no la mía, aún no, ni la del mundo.
Corté su miseria con un pisotón
y lo cubrí con hojas.
Los demás pájaros siguieron cantando
y yo seguí andando,

esperando la caída del próximo pájaro.

News

Oh to be complacent again,
not rage, not beg to differ,
to accept the givens as given
and not know I'm being taken.

Or to let it all not matter,
as it shouldn't, and live on,
not think about it, be too busy
or too much in love or something.

Guess not. News seeks me out
and seeps into my pores. Voices
of politicians natter maddeningly
in my ears. I talk back. Help.

Noticias

Ay, por volver a la complacencia,
no enfadarme, no discrepar,
sino aceptar lo dado como dado
y no saber que me engañen.

O dejar que nada importe,
como debería, y seguir vivo,
no pensarlo, ocuparme de otras cosas
o enamorarme o algo.

Veo que no. Las noticias me acechan
y me filtran por los poros. Voces
de políticos cotorrean irritantemente
en mis oídos. Les contesto. Socorro.

Love

Innocence wasn't worth it.
Our respective falls took us
through more rewarding scenery
and landed us on firmer ground.

Better to find that love
turns out to be what love is
and not the balm of the eternal
captured in a moment's bliss.

Better to know love is no defense
against a loveless world, just
distraction, world made small
and deep, pain made lovely.

Amor

La inocencia no valía la pena.
Nuestras caídas nos llevaron
tras paisajes más provechosos,
dejándonos en suelo más sólido.

Mejor descubrir que el amor
resulta ser lo que es el amor
y no el bálsamo de lo eterno
captado en la dicha fugaz.

Mejor saber que el amor no es defensa
frente un mundo sin amor, solo
distracción, mundo hecho pequeño
y profundo, dolor hecho encantador.

Memory Women

The memory women invade again,
the what-if game that eats my years.
Oh every moment met and lost,
each kiss, each touch thrown away.

A waste of time. You've none of you
stood still, the way I'd have you,
waiting still for second chances.
Have I, imprisoned by memory?

But no attempt at resuscitation.
Should the past become present
it might change, and lose appeal.
It stays as is, burning, useless.

Mujeres evocadas

Las mujeres evocadas invaden de nuevo,
el juego de qué pasaría que me come los años.
Ay cada momento alcanzado y perdido,
cada beso, cada caricia desperdiciada.

Una pérdida de tiempo. Ninguna de vosotras
se ha quedado así, como me hubiera querido,
esperando aún la segunda oportunidad.
¿Y yo sí, encarcelado por la memoria?

Pero no hay ningún intento de resucitar.
Si el pasado se convirtiera en presente
podría cambiar y perder su atractivo.
Se queda tal y como está, ardiendo, inútil.

Don't Ask Me

The list goes on. Too much to deal
with in this life, or any other. Hard
enough to find the time to close my eyes
and heave that encompassing sigh.

Stopped in the street by the tabloid
inquirer, dinner interrupted by the
telephone pollster, how's it going,
how do you feel, answer yes or no.

Well, maybe. Ask me again tomorrow,
I might feel different, or not feel at
all. Life's like that. Tell me, what's
the consensus, what do the others say?

No me preguntes

La lista continúa. Demasiado para lidiar
en esta vida o cualquier otra. Bastante difícil
encontrar un momento para cerrar mis ojos
y echar ese suspiro que abarca todo.

Parado en la calle por la prensa
amarilla, cena interrumpida por el
encuestador telefónico, ¿qué tal,
cómo te sientes? Contesta sí o no.

Pues quizás. Pregúntame de nuevo mañana,
podría sentirme diferente, o no sentir
nada. La vida es así. Cuéntame, ¿qué
consenso hay?¿qué dicen los demás?

Principles

Alright, not to improve the world,
just, at very least, to do no harm,
to increase nobody's wealth
at the expense of conscience.

At least that's the idea. It means
no plastic crap from China,
and swilling at the corporate trough
is done ironically, at arm's length:

they subsidize my laughter! But markets
welcome irony, and we who laugh
are captured, like the rest, pulled
into the demographic vortex. Help!

Principios

Vale, no mejorar el mundo,
pero por lo menos no hacer daño,
ni aumentar la opulencia de nadie
a costa de la conciencia.

Eso, por lo menos, es la idea. Significa,
nada de mierda plástica de China
y atiborrarse en el comedero corporativo
que se hace con ironía, a un brazo de distancia:

¡subvencionan mis risas! Pero a los mercados
les encanta la ironía, y los que se ríen
estamos presos, como los demás, arrojados
al vórtice demográfico. ¡Socorro!

Faith

Faith is beautiful and stupid, like
drugs were, when we passed the doobie
like a host, and toked, and fell to
glazed befuddlement before the great

Kaboonah. Now faith beckons us
to take the vaunted leap, insisting
it's no opiate, but raft and refuge
to the drowning, life its very self

to living spirits, source of kindness
and humanity, engine of great works.
I look into their eyes and wonder,
what are they on? where can I get some?

La fe

La fe es bellísima y estúpida, como eran
las drogas, cuando pasábamos el canuto
como una hostia, y fumábamos, y nos caíamos
al ofuscamiento vidrioso ante el gran

Kabuna. Ahora nos llama la fe
a saltar a la ceguera, insiste
que no es opioide sino balsa y refugio
para los que se ahogan, la vida misma

a espíritus vivos, fuente de bondad
y humanidad, motor de grandes labores.
Les miro a los ojos y me pregunto,
¿qué toman? ¿Dónde lo consigo?

Death

Death will disappoint, not much to do
or see there. We'll wish we'd stayed
on our side of the vale, but it'll be
too late even for wishing. Oh well.

If we can look, we'll look at each other
and roll our eyes, what can you do,
as if this were only a stalled subway,
which it may be. More likely, though,

we'll be alone, and won't notice.
In that case, we can console ourselves,
once the blue light has faded out,
that no reward would have been enough.

La muerte

La muerte decepcionará, sin mucho que hacer
o ver allí. Desearemos haber quedado
en nuestro lado del Lete, pero será
tarde incluso para desear. Y bueno.

Si podemos mirar, nos miraremos
y giraremos los ojos, qué vamos a hacer,
como si fuera un coche del Metro atascado,
que tal vez lo será. Pero más probablemente

estaremos solos, y no lo notaremos.
En ese caso, podemos consolarnos,
con la luz azul ya apagada,
que ninguna recompensa hubiera bastado.

Originality

There are only a few things
worth writing about in this world
and all that can be said has been.
Still, one can repeat, artfully,

or artfully write about nothing.
Relax. The race is no longer on
to be the first to write about,
the first to say or even to repeat.

Close your eyes and find a sentence.
Write it down and write what follows
and follow it anywhere. We've all
been there before, but never with you.

Originalidad

Hay pocas cosas en este mundo
de las cuales vale la pena escribir,
y todo lo que se puede decir se ha dicho.
Aun así, se puede repetir, con arte,

o con arte escribir sobre la nada.
Relájate. Ya no hay carrera
para ser el primero en escribirlo,
el primero en decirlo o incluso en repetirlo.

Cierra los ojos y busca una frase.
Escríbela y escribe lo que sigue
y síguela a donde sea. Todos ya
hemos estado allí, pero nunca contigo.

The Resisted Child

At last approaches the resisted child
whose coming we postponed and fought,
afraid to lose our wasted freedom, bolt
the door we could have bolted through.

Relieved because at last we can forget
our own imaginary future and begin
to shape our end, we welcome you and hope
our hopes will be just high enough

and that we will be good at this,
despite our fleeing youth, that we may
borrow some from you and learn to see
and feel again the agelessness of all.

El niño resistido

Por fin se acerca el niño resistido
cuya llegada posponemos y combatimos,
miedosos de perder nuestra malgastada libertad,
atrancar la puerta y no huir tras ella.

Aliviado porque por fin podemos olvidar
nuestro futuro imaginario y comenzar
armando nuestro final, te recibimos con esperanzas
que sean, esperamos, lo justo de altas,

y que seremos aptos para esto, a pesar de
la juventud que nos huye, que podremos
usar un poco de la tuya y aprender de nuevo
a percibir y sentir lo eterno de todo.

1.

I hurtled, stumbled, young, alone,
lost myself deliberately
in October woods,
my breathless mantra –

I don't know how to live in this world
I don't know how to live in this world

– marked by boot scuff and twig snap
until I halted, daylight fading
into the cold rattle of the leaves
and the stone silence of the suicide moon.

2.

She tore herself from the Pacific
and leapt into the cold night to her death.
Now she stares down to haunt us,
writes her terror-struck notes
in the shadows. Gray, white,
her age, her nakedness, astound us,
and at her brightest we can barely look.
When we try to turn away
the tide tugs at our veins
and we long to be with her.

Luna suicida

1.
Precipité, tropecé, joven, a solas,
me perdí deliberadamente
en bosques de octubre,
mi mantra jadeante –

no sé cómo vivir en este mundo
no sé cómo vivir en este mundo

– marcada por arrastre de bota y chasque de ramita
hasta que paré, la luz desvaneciéndose
en el traqueteo frío de las hojas
y el pétreo silencio de la luna suicida.

2.
Se arrancó del Pacífico
y saltó a su muerte en la fría noche.
Ahora nos mira fijamente para perseguirnos,
escribe sus notas aterrorizadas
en las sombras. Gris, blanca,
su vejez, su desnudez nos asombra
y cuando más brilla apenas podemos mirar.
Cuando intentamos dar la vuelta
la marea nos estira las venas
y anhelamos estar con ella.

But the astronauts found no pulse,
it was too late. To join her
we must leap across a deeper space.

3.
Poised at the brink, I held
the possibility to my temple,
all sorts of kitchenware to my wrists,
notes in my head for no one to find.

So forgive me if I laughed
when you said there was no other way.
If I wasn't able, why should you be?
Our problems didn't amount to a hill of beans,[3]
and people don't do such things.[4]

We lived. We were too weak
to join the roster of tragic athletes,
the sacred cows who jumped over the moon.

---

[3] Humphrey Bogart to Ingrid Bergman in Casablanca: «It
doesn't take much to see that the problems of three little
people don't amount to a hill of beans in this crazy world».
[4] Final line of Henrik Ibsen's Hedda Gabler, spoken by Judge
Brack immediately after Hedda shoots herself.

Pero los astronautas no encontraron pulso,
ya era tarde. Para juntar con ella
debemos saltar a un espacio más profundo.

3.
En el borde, preparado, apunté
la posibilidad a mis sienes,
todo tipo de utensilios a mis muñecas,
notas en mi cabeza para nadie.

Pues discúlpame si me reí
cuando dijiste que no había otra vía.
Si no podía yo, ¿por qué podrías tú?
Nuestros problemas no importaban un bledo[3]
y la gente no hace eso.[4]

Vivimos. Éramos muy débiles
para la plantilla de atletas trágicos,
las vacas sagradas que saltaron a la luna.

---

[3] Humphrey Bogart a Ingrid Bergman en Casablanca: «It
doesn't take much to see that the problems of three little
people don't amount to a hill of beans in this crazy world».
[4] Línea final de Hedda Gabler de Henrik Ibsen, dicho por el
juez Brack inmediatamente después de que Hedda se pega
un tiro.

4.
They sacrificed themselves to save no one,
wanting only the perfect ending,
the ultimate refinement,
the act purified of audience.
Their devotion is rewarded by our envy:
we despair of ever knowing such despair.

You crybabies, holes in your skulls,
lungs waterlogged, vials dropping
from your palms, blades thrust
lovingly between ribs. Were you
worth so much that your deaths
should dwarf our lives?

As if to assure us they whisper:
no one was worth less in that moment, no one.

5.
They follow us through our days,
pale moons. One has my name.

A shadow quieter than moons can throw,
he speaks mysteries. I listen to my father,
who tries to hear his. No answerwhy.

4.

Se sacrificaron no para salvar a nadie,
solo buscaban el final perfecto,
el refinamiento supremo,
el acto purgado del público.
Premiamos su devoción con nuestra envidia:
Nos desesperamos de conocer tal desesperación.

Llorones, agujeros en vuestros cráneos,
pulmones inundados, viales cayendo
de vuestras manos, navajas metidas
amorosamente entre costillas. ¿Valíais
tanto que vuestras muertes
deben eclipsar nuestras vidas?

Como para asegurarnos, susurren:
nadie valía menos en aquel momento, nadie.

5.

Nos siguen tras nuestros días,
lunas pálidas. Una lleva mi nombre.

Una sombra más silenciosa que la que pueden
        arrojar las lunas,
habla de misterios. Escucho a mi padre,
que intenta oír al suyo. Ninguna respuesta.

We gaze down the dark hole he leapt into
and left behind. Memory and imagination
put little flesh to bone.
We are all that's left of him.

On the stone we fixed the name
they still spell wrong.

6.
You follow us through our days,
pale moons. Where were you
when we needed to know you needed us?
How selfish to deny us
the chance to offer a hot meal,
a shoulder, our elder counsel.

All the time you were plunging further
into depths we couldn't see.
Now, if you could know, you'd know
there are secrets not worth keeping.

7.
The strength of knowing
things will only get worse
is greater than any truth, a faith

Fijamos en el oscuro agujero donde se lanzó
y que dejó atrás. Memoria e imaginación
ponen poca carne a los huesos.
Somos todo lo que queda de él.

En la lápida arreglamos el nombre
que aún se deletrea mal.

6.
Nos seguéis tras nuestros días,
lunas pálidas. ¿Dónde estuvisteis cuando
necesitábamos saber que nos necesitabais?
Qué egoísta, negarnos
la oportunidad de ofrecer una comida caliente,
un hombro, nuestros consejos maduros.

Todo ese tiempo estabais zambullendo
hacia profundidades que no podíamos ver.
Ahora, si pudierais saber, sabríais
que hay secretos que no merece la pena guardar.

7.
La fuerza de saber
que las cosas solo empeoraran
es más grande que cualquier verdad, una fe

beyond saviors, beyond the reach
of friends and words, a calmness,
comfort: at least I know.

In loony bins the orderlies are told
to watch for those who suddenly cheer up.

8.
I move into a new place and note
the availability of bridges.
Always bridges, there if needed,
not that they will be, but still
the mode of choice, farewell view,
weightless fall, hard slap of no more.
With such gravity, bridges
become tightropes, their crossing
as daring an expedition as Apollo.

9.
But there is death in water
and there is also water,

the moon is a bleached skull
and it is also the moon.

más allá que salvadores, fuera del alcance
de amigos y palabras, una tranquilidad,
confort: por lo menos lo sé.

En los manicomios se piden a los camilleros
estar atentos a los que repentinamente se alegran.

8.
Me mudo a un lugar nuevo y noto
la disponibilidad de puentes.
Siempre puentes, allí sí se necesitan,
aunque no sea así, pero aun
la modalidad elegida, vista de despedida,
caída ingrávida, duro golpe que no hay más.
Con tal gravedad, los puentes
se convierten en cuerdas flojas, cruzarlos
es una misión tan atrevida como Apolo.

9.
Pero hay muerte en agua
y también hay agua,

la luna es una calavera blanqueada
y también es la luna.

Above this chasm I cross a bridge
which is also a bridge,

and stare down the moon
that stares down on me.

Por encima de este abismo cruzo un puente
que también es puente,

y me fijo fijamente en la luna
que desde arriba se fija en mí.

Applause (Madrid, March 2020)

The ravine walls of opposite blocks
open to life: faces, hands of unknown neighbors
spring from nests, homes made monastic cells,
rooms we've been sent to for quiet time,

and from each sealed-off existence
we unite in applause for doctors, nurses, orderlies,
for ambulances racing up the avenue below,
for med students pressed into service
before an avalanche of suffering,
the advancing wall of death
we ask them to hold back from us.

The whistles, shouts, *¡Bravos!*, *¡Vivas!*, rise
into the deep blue auditorium of evening
where Venus and a sliver of moon
gaze bright and blank at us,
transient inhabitants of their fellow planet.

Aplausos (Madrid, marzo 2020)

Las paredes acantiladas de bloques opuestos
abren a la vida: caras, manos de desconocidos
saltan de sus nidos, hogares ya celdas monásticas,
habitaciones para tiempo obligatorio de reflexión,

y desde cada existencia sellada
aplaudimos médicos, enfermeras, camilleros,
ambulancias corriendo por la avenida abajo,
estudiantes de medicina prestados a servir
ante un alud de sufrimiento,
muralla de la muerte cercándonos
que les pedimos contener.

Los silbatos, gritos, ¡Bravos!, ¡Vivas!, suben
al profundo auditorio azul de la noche
donde Venus y una astilla de luna,
brillantes y vacías, nos contemplan,
habitantes transitorios de su planeta prójimo.

I want the applause to reach them,
wake these dead worlds' ears
to what they miss by being stones,
the desperate tragic beauty we've risen to,
the hope that is our lifeblood,

a small flame blazing audacious
before the indifference of night.

Quiero que les lleguen los aplausos,
despierten los oídos de los mundos muertos
a lo que pierden por ser piedras,
la desesperada belleza trágica que hemos alcanzado,
la esperanza de nuestra alma,

una pequeña llama resplandeciendo audazmente
ante la indiferencia de la noche.

Astronaut

I mask up, pull on
dishwashing gloves,
descend to the surface
and one-small-step out
onto urban moonscape,
my mission defined
by shopping list,
timed by fear's clock
and a directive
from Mission Control:
get done, get home,
do not approach
the life forms you encounter
on this lethal planet.

They fear you too,
each with its force field up,
mouths muffled against speech
and alien microbes. Language
is all eyes, you-first gestures,
all intent on bringing nothing back
but provisions
for weeks of voyage.

Pongo mascarilla,
guantes de goma,
bajo a la superficie
y un-pequeño-paso fuera
al paisaje lunar-urbano,
mi misión definida
por lista de compras,
cronometrada por miedo
y una directiva
de Misión Control:
de prisa y a casa,
no acerques
a los seres vivos que encuentras
en este planeta letal.

Te temen a ti también,
sus campos de fuerza activados,
bocas amortiguadas ante palabras
y microbios alienígenos. El lenguaje
es todo miradas, gestos de usted-primero,
todos intentos en volver con nada más
que provisión
para semanas de periplo.

I pass through the airlock,
scour all for contagion,
breathe safety and relief,
hoping I've returned alone,
not somehow brought
another passenger
growing within me.

Paso por la cámara de descompresión,
restriego todo por el contagio,
respiro seguridad y alivio,
esperando haber vuelto solo,
no de algún modo llevando
otro pasajero
creciendo dentro de mí.

After
could we rise from our sickbed
to a world cured of its viruses,

the poisons
that have seeped and tunneled
into its sentient tissues

to madden its brain,
calcify its heart,
murder it

in the sleep of its unreason,

money lust
driving it to suicide
before market bulls,

hate
erupting into blame,
numbing it to cruelty,

denial
of plain truth, lulling it
to the siren song of idiocy,

Después

Después
¿podríamos levantarnos de nuestro lecho
a un mundo curado de sus virus,

los venenos
que han filtrado y cavado
a dentro de sus tejidos sentientes

para enloquecer su cerebro,
calcificar su corazón,
asesinarlo

en el sueño de su sinrazón,

sed de dinero
impulsándolo al suicidio
ante los toros del mercado,

odio
estallando en culpa,
entumeciéndolo a la crueldad,

negación
a la verdad evidente, arrullándolo
con la canción sirena de la idiotez,

distraction
turning it in all directions
from the clarity of need?

What vaccine
could block the reactions
that make us pathogens

against the larger body?

After
could we wake to find
it's finally immune?

distracción
girándolo en todas direcciones
fuera de la clara necesidad?

¿Qué vacuna
podría bloquear las reacciones
que nos hace agentes patógenos

contra el cuerpo mayor?

Después
¿podríamos despertar para descubrir
que al final se ha curado?

Afterthought

Does calamity break the world
or reveal it as long broken?

Or is this broken thing the world?
Or is it vain illusion to believe

this mechanized, monetized crust
grown and spread across the surface

was ever intrinsic to the planet,
out of sync as it's always been

with the planet's need, and ours?
Is its ruin a gift, an opportunity?

Or will the same ruin replicate,
malignant outgrowth of our nature?

Aditamento

¿Es la calamidad que rompe al mundo
o lo revela como roto hace tiempo?

¿O es esta cosa rota el mundo?
¿O es una ilusión vanidosa creer

que esta corteza mecanizada y monetizada
crecida y extendida tras la superficie

haya sido nunca intrínseca al planeta,
asíncrona como siempre

a las necesidades del planeta, y de nosotros?
¿Es su ruina un regalo, una oportunidad?

¿O replicará la misma ruina,
vástago maligno de la naturaleza nuestra?

That was the year, we'll say,
when other species, unaffected,
went about their business,
not missing us at all, taught us
what we've always been,
one more species susceptible
to nature's culling,
at the mercy of the microscopic,
not chosen ones but guinea pigs
in our own experiment
in cross-species contagion.
We tested our mere humanity
and waited for the results.

That was the year, we'll say,
when numbers benumbed us,
when what was a thousand more,
a million, on the rising line
nearing vertical on our screens,
a grim but safe abstraction
if we were not among
the patients stranded in corridors
waiting for deaths to free beds,
or among the anonymous bodies
stacked in nursing home basements,

Aquel fue el año, diremos,
cuando otras especies, no afectadas,
siguieron con sus asuntos,
en absoluto echándonos de menos,
enseñándonos lo que siempre hemos sido,
una especie más, susceptible
al sacrificio de la naturaleza,
a la merced de lo microscópico,
no los seres elegidos sino conejillos de India
en nuestro propio experimento
en el contagio entre especies.
Pusimos de prueba nuestra humanidad
y esperábamos los resultados.

Aquel fue el año, diremos,
cuando las cifras nos entumecieron,
cuando daba igual un mil más,
un millón, en la línea subiendo
casi a lo vertical en nuestras pantallas,
una abstracción nefasta pero inocua
si no nos encontrábamos entre
los pacientes abandonados en pasillos
esperando muertes para liberar camas,
o entre los cuerpos anónimos
amontonados en sótanos de residencias,

skating rinks turned morgues,
if we were not among
the numberless grieving.

That was the year, we'll say,
when viruses and lies mingled
in the air we breathed,
infecting lungs and brains.
The carriers spewed more
each time they spoke.
Some weakened and succumbed,
tubes and fabrications
shoved down their throats
until some of the dying
denied what was killing them,
secure in their sustaining faith
that false was true.

That was the year, we'll say,
when freedom rang hollow
from shouting mouths
locked, loaded with hate
and shooting off, hailed by a chief
we longed to be free of,
covering our ears, our mouths,

pistas heladas de patinaje hechas morgues,
si no nos encontrábamos
entre los innumerables afligidos.

Aquel fue el año, diremos,
cuando virus y mentiras se mezclaban
en el aire que respirábamos,
infectando pulmones y cerebros.
Los portadores arrojaban más
cada vez que hablaban.
Algunos se debilitaron y sucumbieron,
tubos y fabricaciones
forzados por sus gargantas
hasta que algunos moribundos
negaron lo que les mataba,
seguros en su fe sostenedora
que lo falso era la verdad.

Aquel fue el año, diremos,
cuando la libertad sonaba hueca
de bocas gritonas
bloqueadas y cargadas con odio
y disparando, saludados por un jefe
de quien deseábamos liberarnos,
tapándonos los oídos, bocas,

locking ourselves home,
losing our little freedoms
for as long as it took to free ourselves
from the terrible freedom not to care.

That was the year, we hope to say,
we stopped ignoring symptoms,
stopped believing they'd go away
or that we could get used to them,
finally sought prevention, remedy,
took our medicine,
began to get better,
began to emerge from emergency.

encerrándonos en casa,
perdiendo nuestras pequeñas libertades
el tiempo necesario para liberarnos
de la libertad terrible de no importar.

Aquel fue el año, queremos poder decir,
cuando dejábamos de ignorar síntomas,
y de creer que iban a desaparecer
o que podríamos acostumbrarnos a ellas,
por fin buscábamos prevención, remedio,
tomábamos nuestra medicina,
empezábamos a mejorarnos,
empezábamos de emerger de la emergencia.

White Christmas

> «For all you kids watching at home,
> Santa just is white... Jesus was a white
> man, too. He was a historical figure.
> That's a verifiable fact — as is Santa».
>
> *— Megyn Kelly, Fox News, 2013*

They're dreaming of a white Christmas,
white Santa, white babe in the manger,
the star leading to some gated community
where dark skin and a hoodie get you shot.

King Balthasar, approaching by camel,
shares his trepidations with the other two.
Should he wipe the greasepaint off?
There's nothing in Matthew about his color.

Other traditions give him out an Arab scholar,
white enough, though Spanish kids will tell you
Balthasar is African, shoe-polish black –just is.
Yes, but the turban, the camel. Their getup

Navidad blanca

> «Para todos los niños viéndonos desde
> casa, Santa [Claus] simplemente es
> blanco… Jesucristo era hombre blanco
> también. Era una figura histórica. Es un
> hecho verificable – como Santa».
>
> —*Megyn Kelly, Fox News, 2013*

Sueñan con una Navidad blanca,
Santa Claus blanco, bebé blanco en el pesebre,
la estrella guiando hacia una comunidad cerrada
donde por piel oscura y una capucha te disparan.

El rey Baltasar, llegando en camello,
comparte sus inquietudes con los otros dos.
¿Debería quitar su maquillaje?
No hay nada en Mateo sobre su color.

Otras tradiciones le ponen de escolar árabe,
suficientemente blanco, aunque niños españoles te dirán
que Baltasar es africano, negro de betún –así es.
Sí, pero el turbante, el camello. Su atuendo

would land all three on no-fly lists. Why risk,
when there's no historic data to confirm them?
They turn and head back east. White Santa
has got this place covered, anyhow,

though the white kids will have to wait
three centuries until Saint Nicholas is born,
olive-skinned, perhaps, in Greece
and another fifteen hundred years

for his skin and beard to whiten,
his belly to balloon, Coke bottle to appear
as the white world's offering to him.
He's gaunt in Byzantine painting,

hollow cheeks far from rosy.
Saving women from prostitution
would leave no time for wish lists
from grown white children on his lap.

His beloved poor are locked outside
the gates, despised as leeches,
handed crumbs, forgotten in the cheer
and white cherubicity. What hope, then,

les metería a los tres en listas de no volar. ¿Por qué
    arriesgarse
si no hay datos históricos para confirmarlo?
Dan la vuelta y se vuelven al este. Santa blanco
controla este lugar, de todas formas,

aunque los niños blancos tendrán que esperar
tres siglos hasta que nazca San Nicolás,
con piel de oliva quizás, en Grecia
y otros mil quinientos años

para que su piel y barba blanqueen,
su tripa hinche, la botella de Coke aparezca
como la oferta que le hace el mundo blanco.
Es cadavérico en pintura bizantina,

mejillas huecas lejos de sonrosadas.
Salvando mujeres de la prostitución
no dejaría tiempo para listas de deseos
de niños adultos blancos en su regazo.

Sus queridos pobres quedan fuera
de las verjas, odiados como parásitos,
dejados con las migas, olvidados en la alegría
de los querubines blancos. ¿Qué esperanza hay

for a child born in strange circumstances,
parents obviously uninsured,
asking innkeepers for handouts?
Now they'd sleep in their car

while Joseph combed the classifieds
for carpenter's work finishing details
on these white McMansions. He'd ride
past the guard in the foreman's pick-up

and stay close to the site, cowed and wary
lest the neighborhood watch spot him
and believe something might be up.
The inn's not the only place with no room.

The baby – pink? brown? slightly yellow? –
will grow up to be named in legal records
of colonizing Romans – not knighted actors
mouthing Oxfordese – so yes, Megyn,

there was a Jesus, verifiable,
though maybe not as white as you,
and they'd never recognize him now.
That's why he needs the makeover:

para un niño nacido en circunstancias raras,
padres obviamente sin seguros,
pidiendo favores a posaderos?
Ahora dormirían en su coche

mientras José busca en los anuncios
trabajitos de carpintero terminando detalles
en estos McMansions blancos. Pasaría
por el guarda en la camioneta del capataz

y se quedaría cerca del sitio, intimidado y receloso
no sea que la vigilia del barrio le divise
y crea que tal vez algo pasa.
La posada no es el único sitio sin espacio.

El bebé ¿rosado? ¿marrón? ¿ligeramente amarillo?–
crecerá para nombrarse en archivos legales
de romanos colonizadores –no actores con títulos
y acentos de Oxford– pues sí, Megyn,

había un Jesucristo verificable,
aunque quizás no tan blanco como tú,
y nunca le reconocerían ahora.
Por eso necesita la renovación:

in the pale pancake applied to his face,
in the cherry rouge of Santa's cheeks,
and in your own pale blankness,
they see the presents that are all for them.

en el polvo pálido aplicado a su cara,
en el rojo cerezo de los mofletes de Santa,
y en tu propia palidez vacía,
ven los regalos que son todos para ellos.

Credo

We torturers are nostalgic
for the biblical Word
proclaimed truth on utterance:
it is said and made one
with the living flesh
whose madness birthed it.

Plagued by relativity,
how else are we to build
solid ground beneath us?
The real is what we declare
to be real, torture not torture,
but the flesh made Word.

All we have done, have had done,
to these potential martyrs
is refuse them martyrdom
to their idea, then martyr them
to ours, in all its elegance.
Our power to do this is truth.

So they lied. The lies they told
and the contours of their silence
define the unsaid. Our faith
articulates the hidden, lights

Credo

Los torturadores añoramos
la Palabra Bíblica
proclamada verdad a decirse:
pronunciada, se une
con la carne viva
de cuya locura nació.

Plagados por la relatividad,
¿de qué otra manera construimos
tierra sólida por debajo?
Lo real es lo que declaramos
real, tortura no tortura,
sino la carne hecha Palabra.

Todo lo que hemos hecho y ordenado hacer
a estos mártires potenciales
es negarles el martirio
a su idea y martirizarles
a la nuestra, en toda su elegancia.
Poder hacerlo es la verdad.

Vale, que mintieron. Sus mentiras
y los contornos de su silencio
definan lo no hablado. Nuestra fe
expresa lo escondido, ilumina

the cavities, makes the unsaid
said, and makes them say it.

Said, it is Word. Deny this
and conscience sucks us under.
They laugh then, these prophets
whose scribes we are,
and tell the lie that pain
has made them stronger.

Their Word against ours.

las cavidades, hace lo no dicho
dicho, y les hace decirlo.

Dicho, es Palabra. Negadlo
y la conciencia nos sumirá.
Ríen entonces, esos profetas
cuyas escribas somos,
y cuentan la mentira que el dolor
les ha hecho más fuertes.

Su Palabra contra la nuestra.

Yaphet Kotto Versus the Doge of Venice

Basilica Santa Maria Gloriosa dei Frari

It's unmistakably him, three centuries early:
sweaty bandanna from *Blue Collar* and *Alien*,
weary scowl from fighting crooked union bosses
and lethal xenomorphs. He's one of four columns
whose straining shoulders, padded by stone pillows,

heft the ugly monument: the Doge of Venice,
unloved, corrupt bastard, at the heavenly apex,
guarded by dragons, flanked by angelic muses,
too far up for tourists to make out his face.
Who looks up there? All eyes are on the slaves,

subjugated spoils of war. Viewers admire
the sculptor's failure to render them subhuman,
especially the one who looks like Yaphet Kotto.
He glances sideward at the other three,
black marble muscles showing through

rips and rents in their alabaster rags,
work of an artisan who somehow knew

Yaphet Kotto contra el Dogo de Venecia

Basílica Santa María Gloriosa dei Frari

Inconfundiblemente es él, tres siglos antes:
banda sudada de *Blue Collar* y *Alien*,
mueca agotada de luchar con sindicalistas corruptos
y xenomorfos letales. Es una de cuatro columnas
cuyos hombros, acolchados por cojines de piedra,

alzan a la fuerza el monumento feo: el Dogo de Venecia,
malquerido cabrón corrupto, en el ápice celestial,
guardado por dragones, flanqueado por musas
      angelicales,
demasiado lejos de los turistas para distinguir su cara.
¿Quién mira allí? Todas las miradas se fijan en los
      esclavos,

botines subyugados de la guerra. Espectadores admiran
la incapacidad del escultor a retratarles de
      infrahumanos,
especialmente el que se parece a Yaphet Kotto.
Él mira alrededor a los otros tres,
músculos de mármol negro visibles

tras roturas en sus trapos de alabastro,
obra de un artesano que de alguna manera sabía

what Yaphet Kotto was about to say:
monument, state and hierarchy,
we're all that hold it up. So let it fall,

fucking Doge and all, dash it to rubble
on the basilica floor, fulfill the design
the sculptor didn't know he had in mind.
Let art historians debate the likeliness
of subversive intent. Let's show them ours!

lo que Yaphet Kotto estaba a punto de decir:
monumento, estado, jerarquía,
somos su único apoyo. Pues déjalo caer,

jodido Dogo y lo demás, estrellarse en escombros
en el suelo de la basílica, realizar el diseño
el escultor no sabía que tenía pensado.
Que los historiadores de arte disputen la probabilidad
de intenciones subversivas. ¡A mostrarles la nuestra!

Saturn's Children (after Goya)

I warned the kids: your father's gonna turn.
He thinks you'll do the same, and he should know
because he taught you by example: loyalty
is for the losers. Why should family
be any guarantee against betrayal?
He said he'd date his daughter. What was that
but proof that he was ravenous for meat?
Eat or be eaten's all the bastard knows.
You see it in those fearful pools of eyes,
the panicked brow: I'd better wolf them down
before they try and take a bite of me.
Whosever flesh he's squeezing in his mitts
(I think I know that ass, though I'm not sure)
looks like they just gave in, or trusted him:
«It's you and me together, Dad». Yeah, sure.
You've lost your head, an arm, and one more chomp
and goodbye to your Rolex. Jupiter,
Neptune and Pluto, they were smart enough
to cut a deal and help us build the case
against the shaggy titan, their old man,
who thought himself eternal. Now he's out,
excluded from the pantheon, reduced
to cameos in New Year's Eve cartoons,
chased out by babies. But you mark my words.
What he can't eat he litigates to death.
Year in, year out. You're never rid of him.

Hijos de Saturno (al modo de Goya)

Avisé a los críos: vuestro padre se chivará.
Cree que haréis lo mismo, y él sabrá
porque os enseño por ejemplo: la lealtad
es cosa de perdedores. ¿Por qué la familia
debe garantizar contra la traición?
Dijo que saldría con su hija. ¿Qué es eso
sino prueba de su voracidad de carne?
Comer o ser comida es todo lo que sabe el cabrón.
Se ve en esos ojos, piscinas temerosas,
la frente alarmada: debería engullirles
antes de que saquen un mordisco de mí.
De quién sea la carne que apriete en sus manos
(creo que conozco ese culo, aunque no estoy seguro),
parece como que había tirado la toalla, o confiado en él:
«Tú y yo juntos, Papá». Así, claro.
Has perdido tu cabeza, un brazo, y un mordisco más
y adiós a tu Rolex. Júpiter,
Neptuno y Plutón tenían la sabiduría
de hacer un trato y ayudarnos a abrir un pleito
contra el titán peludo, su viejo,
que se creía eterno. Ya está fuera,
excluido del panteón, reducido
a cameos en dibujos de Nochevieja,
echado por bebés. Pero confía en mí.
Lo que no puede comer lo litiga hasta la muerte.
Año tras año. Nunca os lo quitaréis de encima.

The Rape of Europa

I.

Titian draped his model over the divan,
on her back, arm over her head, breast exposed,
and sketched her onto the blank of the canvas
the producer later seizes on for inspiration.

The actress lies against the green screen
half-naked, screaming at emptiness
later to be filled by digital waves and bull.

The director wants to cut, they've got enough,
but the producer motions no, and watches, watches
as it all goes on too long.

Later, once they've added Titian's colors
enhanced with a splash of Rubens for the flesh
and motion-captured Zeus (who's right for Zeus?)
the producer will invite her to his soundproof
        bedroom
to watch the rushes.

The Viagra will work its metamorphosis.

I.

Tiziano acomodó a su modelo sobre la cama turca,
boca arriba, brazo sobre su cabeza, seno a la vista,
e hizo un boceto en el lienzo vacío
que el productor luego agarrará como inspiración.

La actriz se tumba por delante de la pantalla verde
media desnuda, gritando al vacío
que luego se llenará con oleaje digital y toro.

El director quiere cortar, ya tienen suficiente,
pero el productor señala que no, y mira, mira
mientras todo continúa, interminable.

Luego, una vez añadidos los colores de Tiziano,
aumentados con un toque de Rubens en la carne,
y Zeus en captura de movimiento (¿quién valdrá
      para Zeus?)
el productor la invitará a su habitación insonorizada
para ver las tomas.

La Viagra conseguirá su metamorfosis.

II.

She came to me, all cow-eyed, wove me a garland
    of leaves and flowers, placed it
over horns longer and sharper than the ones the
    Italian gave me in the picture.
He painted me with this rascal look, like I can't
    wait to bang her. Accurate enough.
She'd caught my Olympian eye: muscular farm girl
    thighs, warm full belly.
Small tits, but what she had she flaunted, in that
    loose white tunic.
What the hell was she doing, dancing with her
    father's bulls dressed like that, if she wasn't
    asking for it?
When I want to fuck a girl, I just transform, with
    Leda into a swan,
with Alcmena into her own husband. (Don't tell
    me that time wasn't consensual.)
Europa wouldn't resist me. A beautiful white beast
    I was, and well equipped.
Ever seen the schlong on a bull? Because I'm Zeus,
    bingo, there it hung.
What woman wouldn't want to grab it, cradle the
    balls, one per hand?

II.

Me vino con esos ojos bovinos de compasión, me
    tejió una guirnalda de hojas y flores, la colocó
sobre cuernos más largos y puntiagudos que los
    que el italiano me dio en el cuadro.
Él me pintó con una mirada de granuja, como
    impaciente para follarla. Bastante acertado.
Había captado mi ojo Olímpico: muslos
    musculosos de chica granjera, vientre cálido y
    generoso.
Tetas pequeñas, pero de lo que tenía lo presumió,
    en esa túnica blanca aflojada.
¿Qué coño hacía, bailando con los toros de su
    padre vestido así, si no lo estaba pidiendo?
Cuando me quiero tirar a una chica, pues me
    transformo, con Leda en un cisne,
con Alcmena en su propio marido. (No me digas
    que aquella vez no era consensual).
Europa no se me resistiría. Una bestia blanca y
    bella fui, y bien equipada.
¿Alguna vez has visto la polla de un toro? Porque
    soy Zeus, allí se colgó.
¿Qué mujer no tendría ganas de agarrárselo,
    sujetar los huevos, uno por mano?

She climbed on to give me a backrub. There was
    the sea.
Relax, I said, plunging in, I'll keep you above the
    waves.
Just grab my horn. I'll give you a ride you won't
    forget.
I'll make you queen of Crete. We'll have kids, or
    calves (well, she would).
Did she cry for help? What do the Cupids in the
    picture tell you?
Arrows of love. A girl likes danger sometimes.
I picked the loveliest beach to come ashore,
timed it for full moonlight to put her in the mood.
What form did I take? A bull's dick would have
    torn her apart. I'm not that cruel.
So I left her crying on the beach. Look at her, those
    parted thighs. She wanted it.

Me montó para darme masaje. Allí estaba el mar.

Relájate, dije, sumergiendo, te mantendré por
   encima de las olas.

Agarra mi cuerno. Te daré un viaje inolvidable.

Te haré reina de Creta. Tendremos niños, o
   vaquitos. (O sea, ella por lo menos).

¿Gritó pidiendo ayuda? ¿Qué te dicen los Cupidos
   en el cuadro?

Flechas de amor. A las chicas les gusta el peligro a
   veces.

Elegí la playa más bonita para llegar
y una noche de luna llena para ponerla de buen
   humor.

¿Qué forma asumí? La polla de un toro la había
   desgarrado. No soy tan cruel.

Vale, la dejé llorando en la playa. Mírala, esos
   muslos extendidos. Ella lo quería.

III.

They told my father, «Young girls project
nascent desires they don't fully understand
onto horses or, in her case, bulls.
Perfectly normal».

If he bought that bullshit, fine.
I could go to the herd when I liked,
let them out to stony ground
to run and build muscle for beef.
They earthquaked past,
shook me out of body, out of world.
I chose one and caught his stride,
close as I could, hand on flank,
feeling muscle bunch and stretch,
heat pass into me. Then another,
coarse black coat bristling
under my fingers. I turned,
dodged horns, chose another,
stampeded with the bulls
until I fell, spent, into flowers
and lay there, gasping
as bull-shaped clouds
passed slowly in the sky.

III.

Le dijeron a mi padre, «Las chicas jóvenes
proyectan sus deseos nacientes no completamente
entendidos en caballos o, en su caso, toros.
Completamente normal».

Si él tragó esas bobadas, bien.
Yo podía ir a la manada cuando quería,
soltarles al campo pedregoso
a correr y hacer músculos para la ternera.
Pasaron como terremotos,
agitándome fuera de mi cuerpo y el mundo.
Elegí a uno y alcancé su trancada,
lo más cerca posible, mano en su costado,
sus músculos abultándose y estirándose,
su calor difundiéndose en mí. Después otro,
pelaje áspero y negro erizándose
bajo mis dedos. Volví,
esquivé a los cuernos, elegí otro,
seguí en estampida con los toros
hasta caerme, gastada, entre flores
y echarme allí, jadeando,
con nubes en forma de toros
paseando lentamente en el cielo.

If this was about sex
too bad sex would never
match this ecstasy
hidden from all but myself
and as it happened Zeus, that bastard.

In the seaside pasture
jaws pulled and chomped
the rippling grass
and a white bull was suddenly there,
small horns, face kind as a cow's,
eyes divine. They pulled me forward
until hot huffs from his nostrils
damped my tunic. He nuzzled me
and strings of drool ran down my legs.

Within the brutal beauty of the herd
he seemed the gentle heart.
I crowned him with leaves.

He nodded toward his back, inviting me
to mount. My dream, he knew,
a union I sought of girl and beast.
Just like Zeus to take it literally.

Si se trataba de sexo
qué pena que el sexo nunca
igualaría este éxtasis
ocultado a todos menos mí
y por casualidad a Zeus, ese cabrón.

En la pastura junto al mar
mandíbulas arrancaron y masticaron
la ondeante hierba
y de golpe un toro blanco apareció,
cuernos pequeños, cara buena como una vaca,
ojos divinos. Me arrastraban por delante
hasta que resoplos calientes de sus narices
humedecieron mi túnica. Me hocicó
e hilos de babas se derramaron por mis piernas.

Entre la belleza brutal de la manada
semejaba el corazón suave.
Le coroné con hojas.

Me señaló su espalda, invitándome
a subir. Mi sueño, sabía,
la unión que buscaba de niña y bestia.
Típico de Zeus, tomándolo literal.

He ferried me to the island,
trampled and gored me,
changed into a man and acted like one,
rolled away, his mind elsewhere,
soon followed by the rest of him.
On Cretan sands I bled and wept.

Me transportó a la isla,
me pisoteó y me corneó,
se transformó en hombre y actuó como tal,
se apartó, su mente en otro lugar,
de pronto seguido por el resto de él.
En las arenas de Creta sangré y sollocé.

IV.

Zeus released the following statement:
«That was not me, I was not myself».
His movie tanks, his temples crumble.
Hera lawyers up and divorces him.

Zeus glowers unseen, though gazed upon,
exiled to tiles and vases, transformed and shrunken
to a silent motif on the canvas, down for the count,
pointed at, discussed by art historians,
ignored by those who only see a bull.
He's lost his thunderous titles, his rule, his
      potency.

Europa lends her name to continents and moons
but earns no residuals. She's never cared
for the young Venetian courtesan painted in her
      place,
too pallid and too plump.
But the painter caught the fear, that much she'll
      give him,
her mouth forever open in that scream.

IV.

Zeus publicó la siguiente declaración:
«No era yo. Estaba fuera de mí».
Su película fracasa, sus templos se derrumban.
Hera contrata a abogados y se divorcia.

Zeus frunce el ceño, invisible, aunque a la vista,
exiliado en azulejos y jarrones, transformado y
    reducido
a motivo mudo en el lienzo, noqueado,
señalado, debatido por historiadores de arte,
ignorado por los que solo ven un toro.
Ha perdido sus títulos estruendosos, su reino,
    su potencia.

Europa presta su nombre a continentes y lunas
pero no cobra ingresos residuales. Nunca ha
    favorecido
la joven cortesana veneciana pintada en su lugar,
demasiado pálida y gordita.
Pero el pintor captó el miedo, eso le concede,
la boca abierta para siempre en ese chillido.

They shuffle past her to the next painting
for the guide to explain and sterilize.
And once they're gone the white bull rolls his eyes again
toward the mound of warm woman flesh on his
        back and hers
and swims on.

Arrastran los pies paseándola hacia el cuadro siguiente
para que la guía lo explique y esterilice.
Y una vez que han pasado, el toro blanco gira de
    nuevo sus ojos
hacia la masa de carne cálida femenina en su
    espalda y la de ella
y sigue nadando.

Adiós, pareja

These poems, except for the last, are selections from my collection, Maritxu, published by Lemon Street Press in 2020. I've made some changes and this is the first time they are appearing in translation.

The Odds

The odds one cell would flip,
go renegade, convert its neighbors,
turn the body against itself, turn us

from a couple with conflicts
transatlantic and parental
ebbing into marital détente,

to a patient and a medical adjunct,
alert to glucose, platelet counts,
pills, injections, dietary changes,

are the same odds we'd meet,
attract, love, sway each other
from our planned trajectories,

Adiós, pareja

Las probabilidades

Las probabilidades de que una célula
se voltee, se rebela, convierte a sus vecinos,
vuelca el cuerpo en su contra, conviertenos

de una pareja con conflictos
transatlánticos y parentales
disminuyéndose en distensión matrimonial,

a una paciente y un adjunto medical,
atentos a glucosa, recuentos de plaquetas,
píldoras, inyecciones, cambios de dieta,

son las mismas que nos encontraríamos,
atraer, amar, desviarnos mutuamente
de nuestras trayectorias planificadas,

that I would keep you
longer than expected in a country
you'd been ready to escape,

and follow you to one you'd leave me in,
one I'd have come no closer to
than *Quixote* in translation,

where now I wander above ground
trying to keep you here
a little longer with these words.

que yo te detendría
más tiempo de lo esperado en un país
del cual estabas listo para huir,

y seguirte a otro donde me dejarías,
país al que no me habría acercado más
que *El Quijote* en traducción,

donde ahora voy deambulando sobre la tierra
intentando mantenerte aquí
un poco más con estas palabras.

Atlantic

1.

A year before marriage, barely awake,
we hunkered on the granite of Mount Cadillac,

wrapped in the plaid blanket from the car.
The frosted glass of the Maine bay below

blushed pink, then orange,
the first sunrise in America getting underway.

Your skin glowed honey as you gazed east
to Finisterre, coda of the pilgrims' road

where they burn the clothes they walked in,
form human chains to touch the waves,

where we would perch again on granite,
watch the orange ball flatten and sink

to touristy applause, last Iberian sunset.
We'd wave across to those six hours behind.

1.

Un año antes de casarnos, apenas despiertos,
nos acurrucamos en el granito del monte Cadillac,

envueltos en la manta a cuadros del coche.
El cristal esmerilado de la bahía de Maine

se ruborizó rosa, después naranja,
el primer amanecer de América arrancando.

Tu piel resplandeció de miel mientras mirabas al este
hacia Finisterre, coda del camino de los peregrinos

donde queman la ropa de sus andares,
forman cadenas humanas para tocar a las olas,

donde nuevamente íbamos a sentarnos sobre granito,
ver el balón naranja allanarse y hundirse

entre aplausos turísticos, último crepúsculo ibérico.
Saludaríamos de frente a seres seis horas atrás.

2.

Between, our years and the Atlantic
that was always between us,

vastness we had to cross
to reach each other,

first with cheerful hunger
for new worlds to map,

explore, colonize,
claim in our names,

whatever Cathay you'd sought
forgotten for unsought me,

my other plans shelved
for a one-way voyage

toward you, with you, away from you
across our many Atlantics.

2.

En medio, nuestros años y el Atlántico
que siempre estaba entre nosotros,

enormidad que tuvimos que cruzar
para alcanzarnos uno al otro,

al principio alegres, hambrientos
de nuevos mundos para cartografiar,

explorar, colonizar,
reclamar en nuestros nombres,

cualquier Catay que buscabas
olvidado para lo no buscado, yo,

mis otros planes archivados
para un viaje sin vuelta

hacia ti, contigo, alejado de ti
tras nuestros muchos Atlánticos.

3.
An unhealing scar,
the mid-Atlantic ridge

tears the ocean floor
straight up the middle,

bleeds out magma
in crushing lightlessness,

suppurates, separates,
nudges continents apart

an inch a year, in silence,
widening the ocean.

The blank horizon
hints at nothing beneath.

We don't feel distance grow
until we feel it grown,

our arms too short to reach,
too tired to swim.

3.

Una cicatriz sin curar,
la dorsal mesoatlántica

rasga el suelo submarino
linealmente por el medio,

sangra magma
en oscuridad aplastante,

supura, separa,
aparta continentes

una pulgada al año, silenciosamente,
ensanchando el mar.

El horizonte vacío
no indica nada de lo de abajo.

No percibimos la creciente distancia
hasta que la notamos crecida,

nuestros brazos demasiado cortos para alcanzar,
demasiado cansados para nadar.

4.
At Cape Cod, at Cádiz,
we waded into its infinity,

daring the other to go under first.
We shot from the surface

with joyful screams,
each moored to the other,

lifted and dropped, a buoy
anchored by nothing but love

to the invisible floor,
no fear of monsters

swimming the frigid ink
though they were there

waiting for us to feed them.
When something pinched my toe

it was you who shrieked and fled,
leaving me to imaginary sharks,

warning me, through laughter,
you'd save only yourself.

4.

En Cape Cod, en Cádiz
vadeamos hacia su infinidad,

retando al otro a sumergirse primero.
Salimos disparados a la superficie

con gritos alegres,
el uno amarrado a la otra,

alzados y bajados, una boya
anclada por nada más que el amor

al suelo invisible,
sin miedo a monstruos

nadando en la frígida tinta,
aunque estuvieron allí

esperando que les alimentásemos.
Cuando algo me pellizcó el dedo del pie

fuiste tú quien aulló y huyó,
dejándome a tiburones imaginarios,

avisándome tras carcajadas
que solo te salvarías a ti misma.

5.
Worn out by diplomacy,
you left America to me.

The Atlantic between us,
we'd savor the other's absence,

relieved of the burdensome roles
of translator, intermediary, buffer,

to enjoy the immediacy of our own,
then gaze over the waters,

fondness blooming from distance
until I flew home from home.

6.
The Atlantic flooded our apartment
twelve stories above landlocked Madrid.

We waded from the kitchen with our trays
back to our respective screens,

5.

Agotada por la diplomacia,
dejaste América en mis manos.

El Atlántico entre nosotros,
saboreamos la ausencia del otro,

relevado de tareas pesadas
de traductor, intermedio, amortiguador,

cada uno a gozar de la inmediatez del suyo,
y luego contemplar las aguas,

cariño floreciendo en la distancia
hasta que volé de casa a casa.

6.

El Atlántico inundó nuestro piso
doce plantas encima de un Madrid sin litoral.

Vadeábamos con bandejas desde la cocina
cada uno de vuelta a su pantalla,

Spanish television, virtual America,
as the waters silently rose.

Was there an implicit vow
to grow apart together?

7.
When the Atlantic became too pacific
we'd roil it,

starting with a playful splash,
then a cannonball,

anything to goad the slack surface
into vigorous chop

and rouse the other into conflict
over nothing at first,

non-mattering matters
we barely disagreed on,

plumbing the depths for *causus belli*
until the submerged hove into view

televisión española, América virtual,
mientras subieron silenciosamente las aguas.

¿Hubo un juramento implícito
de alejarnos juntos?

7.
Cuando el Atlántico se pacificó demasiado
lo enturbiábamos,

primero con un salpicar juguetón,
después una bomba,

cualquier cosa para agitar vigorosamente
la superficie monótona

y despertar el otro al conflicto
sobre nada al principio,

asuntos sin importancia
con apenas desacuerdo,

buceando a lo profundo para *causus belli*
hasta que lo hundido apareció

from beneath the waves we'd made,
the long ago, said and forgotten,

antiquated harbor mines
still ripe for detonation.

Then blind salvos of resentment
stored and hardened,

hoping in the scatter
to score a few direct hits,

leaving us to flail and gasp,
blood tinting the waters,

drawing our frenzied jaws,
unsatisfied now with anything less

than the leg the other stood on.
The sea closed over mutual wreckage,

leaving nothing.

desde debajo de las olas que habíamos creado,
el tiempo pasado, dicho y olvidado,

minas de puerto anticuadas
aún listas para detonarse.

Después descargas ciegas de resentimiento
almacenado y endurecido,

con deseo en la dispersión
de marcar algunas dianas,

dejándonos a sacudir y jadear
el agua teñida por sangre,

atrayendo mandíbulas delirantes,
satisfechas ya con nada menos

que la pierna que apoyó al otro.
El mar se cerró sobre pecios mutuos,

dejando nada.

8.

Out of breath, we'd pop,
first one, then the other, to the surface,

and quietly swim for the safety
of our unsinkable mattress,

pulled back into marriage
by forgiveness or fatigue

or needing to taste again
what we knew was also there,

complicit laughter, body warmth,
bed, kitchen, the daily feast

we could never deny each other,
the aimless drift of Sunday morning

toward an imagined island
looming from the fog

where we could lie in tall grass
above the surge and crash of the Atlantic.

8.

Sin aliento, brotaríamos,
uno primero, después el otro, a la superficie,

y sin ruido nadar hacia la seguridad
de nuestro colchón insumergible,

estirados de vuelta al matrimonio
por el perdón o la fatiga

o necesitando otra vez el sabor
a lo que sabíamos estaba allí también,

risas cómplices, calor corporal,
cama, cocina, la comilona diaria

que nunca podíamos negar al otro,
la deriva de una mañana dominguera

hacia una isla imaginaria
alzada por encima de la bruma

donde nos tumbaríamos en hierba alta
por encima del chocante oleaje del Atlántico.

The hypochondriac is eventually right.
The fatalist in you even gloats a bit:
I told you.

Yes, you did, for years
of oh it's probably nothing,
which it is until it's not.

And here we are.

*   *   *

The surgeon sadly shakes her head,
the onco lists the chemicals he'll try.
They tell us not to tell you –
they know how and when –
how bad it is.

Ana and I bite back our grief
when they wheel you in.

*   *   *

Al final la hipocondriaca tiene razón.
La fatalista en ti hasta presume:
te lo dije.

Sí, lo hiciste, durante años
de oh, probablemente no será nada,
la nada que es hasta que no es.

Y aquí estamos.

*   *   *

La cirujana sacude tristemente su cabeza,
el oncólogo enumera las químicas que probará.
Nos piden no contarte –
ellos sabrán cómo y cuándo –
lo malo que es.

Ana y yo reprimimos nuestro dolor
cuando te traen en camilla.

*   *   *

The recliners in the day hospital:
lounge chairs on the sun deck of the *HMS Chemotherapy*.

*   *   *

You mention a headache
and they add your skull
to the next abdominal CAT scan.

We wait with the results,
an envelope you're afraid to open.

I read it while you go to pee.
When you come back I joke:
The patient has an empty head.

You hug me and burst into tears.

*   *   *

Bad news always comes
when your onco is away,

and instead we see Doktor Nemesis
who flunked Bedside Manner 101
and drily bludgeons you:

Las butacas reclinables en el hospital de día:
tumbonas en la terraza del crucero *Quimioterapia*.

* * *

Mencionas un dolor de cabeza
y te añaden el cráneo
al próximo escáner TAC abdominal.

Esperamos con los resultados,
un sobre que tienes miedo de abrir.

Lo leo mientras te vas a mear.
Cuando vuelves bromeo:
La paciente tiene la cabeza hueca.

Me abrazas y rompes a llorar.

* * *

Las malas noticias siempre vienen
cuando tu oncólogo esta fuera,

y en cambio vemos al Doctor Némesis,
un suspendido en Trato de Pacientes 101,
que secamente te apalea:

yes, it's a tumor,
yes, you're diabetic now,
a morphine addict too,
yes, it looks like it's growing again.

You cry out to your missing doctor:
why have you forsaken me?

*　　*　　*

We walk your dead weight
to the waiting room,
then to the curtained box,

a symphony of moans around us,
broken bones, burst appendixes,
families yanked pre-dawn

into emergencies. Glucose
revives you, and your eyes
apologize for my small sufferings.

*　　*　　*

sí, es un tumor,
sí, ya eres diabética,
adicta también a la morfina,
sí, parece que crece de nuevo.

Llamas a gritos a tu doctor ausente:
¿por qué me has abandonado?

*   *   *

Ayudamos a caminar tu peso muerto
a la sala de espera,
después al box con cortinas,

una sinfonía de gemidos a nuestro alrededor,
huesos rotos, apéndices quebrados,
familias arrancadas de madrugada

a urgencias. La glucosa
te revitaliza, y tus ojos
piden disculpas por mis pequeños sufrimientos.

*   *   *

The oncologists enter the ward *en masse*,
a priesthood in white,

bearers of hope, of truth,
Talmudic interpreters of enzyme levels,

dispersing to their patients' rooms
as if to confessionals.

*   *   *

The long shot, Hail Mary:
molecular analysis of the tumor,
in faint hope of immunotherapy.

They know it won't turn anything up,
know we won't turn it down
though no insurance covers it.
They sleep you for the biopsy.

Slowly you come out of it,
recognize me, take my hand,
tell me with your gaze
that we're still lovers.

Los oncólogos entran a la unidad *en masse*,
un sacerdocio en blanco,

portadores de la verdad,
intérpretes talmúdicos de niveles de enzimas,

dispersándose por las habitaciones de pacientes,
como si fueran a confesionarios.

*   *   *

Último intento, tiro de suerte:
análisis molecular del tumor
en escasa esperanza de inmunoterapia.

Saben que no revelará nada,
saben que no lo rechazaremos
aunque ningún seguro lo cobre.
Te duermen por la biopsia.

Lentamente te despiertas,
me reconoces, me coges la mano,
me dices con tu mirada
que aún somos amantes.

Annie Lennox

In health you hid the gray
in a hardwood forest of tints,
walnut, chestnut, mahogany,

and had your thinning hair
puffed out in curls and waves
that never lasted anyhow.

In chemo you found your style:
short, white, androgynous,
no cancer scarves or wigs.

You rocked it. Ángeles lit up
with delight at the resemblance
and who was I to disagree?

You wore it defiantly,
finally indifferent
to strangers' opinions

Annie Lennox

De buena salud escondiste el gris
en un bosque de maderas duras,
tintas de nuez, castaño, caoba,

y el pelo que se fue perdiendo
se infló en rizos y olas
que de todas formas nunca duraron.

En quimio encontraste tu estilo:
corto, blanco, andrógino,
ni bufandas ni pelucas de cáncer.

Lo luciste. Ángeles se iluminó
encantada con la semejanza
y ¿*who was I to disagree?*[5]

Lo llevaste atrevidamente,
por fin indiferente
a las opiniones de desconocidos

---

[5] «¿Quién era yo para no estar de acuerdo?» sería traducción literal de la canción «Sweet Dreams» de los Eurythmics, ligeramente adaptada.

and the cruel acceleration
time and tumors forced on you.
The savage cost of beauty

you wrote off to fate,
pacing with affectless poise
toward the great whatever.

y la aceleración cruel
impuesta por tiempo y tumor.
El precio salvaje de la belleza

lo descartaste al destino,
caminando con elegancia natural
hacia el gran lo que sea.

Abrázame, I said.
Your arms round my neck,
mine round your back,

I hauled you up
to move you to a chair
and change your sheets.

On the dance floor you always led
and I failed you, murdering merengue
with cloddish hoedown steps.

Now I said *baila conmigo*
and we swayed a little,
you smiled a little.

It was our last dance
and our best dance,

no impatient instructions,
no trampled toes,
no rhythm but our own.

Último baile

Abrázame, dije.
Tus brazos tras mi cuello,
los míos por tu espalda,

te levanté
para llevarte a una silla
y cambiarte las sábanas.

En la pista del baile siempre mandaste
y yo te fallé, matando el merengue
con pasos de zoquete rústico.

Ahora dije, baila conmigo
y nos mecemos un poco,
sonreíste un poco.

Era nuestro último baile
y nuestro mejor baile,

nada de instrucciones impacientes,
nada de pies tropezados,
ningún ritmo sino lo nuestro.

The Kitchen

Diffident in death, you popped in,
a mute observer on irrelevant dreams,
out on the periphery, eying the exit.
Bored, you snuck away
before I could reach you.

Then one night you stayed.
We hugged in the kitchen as always
(when parents died, when towers fell),
clinging for dear life. You were warm, soft,
your hair black again. Back but still dead,
dead but still back. As you cleaned the kitchen,
soaking the dishrags in bleach, noticing
but not saying how I'd let things slide,
I told you how it's been, having you gone,
and you listened without replying.

I sank to the parquet hall floor,
my forehead touching it, and wept.
Relieved? Or knowing somehow
you weren't really there? You didn't
leave your cleaning to comfort me,
so my sobs became deliberate,
theatrical pleas for your attention.

La cocina

Reservada en la muerte, dabas unas vueltas,
observadora muda de sueños irrelevantes,
en la periferia, buscando la salida.
Aburrida, te fuiste furtivamente
antes de que pudiera alcanzarte.

Pero una noche quedaste.
Nos abrazamos en la cocina como siempre
(cuando murieron padres, cuando se cayeron torres)
agarrando desesperadamente. Estabas cálida, suave,
tu pelo nuevamente negro. De vuelta, pero aún muerta,
muerta, pero aún de vuelta. Mientras limpiaste la cocina,
remojando trapos en lejía, notando
pero sin decir cómo yo había abandonado todo,
te conté cómo era estar sin ti,
y escuchaste sin replicar.

Me hundí en el suelo de parqué del pasillo,
tocándolo con mi frente, y lloré.
¿Con alivio? ¿O sabiendo de algún modo
que realmente no estabas? No dejaste
la limpieza para consolarme,
pues mis gemidos se volvieron deliberados,
súplicas teatrales para tu atención.

Before I could know if they'd worked,
they woke me. Awake, I wept
a little more, then roused myself
to come and write it down,
relieved that I'm not over you,
that further down than words
there is a kitchen where I weep.

Antes de poder saber si funcionaron,
me despertaron. Despierto, gemí
un rato más, y después me animé
a venir y ponerlo en palabras,
aliviado de no haberme recuperado de ti,
que a más profundidad que las palabras
hay una cocina donde lloro.

All Mourn All

When grief recedes
to a private ache,
license for attention expires,
deference to my sorry state
no longer a given. After all,

people keep dying,
the ranks of the bereaved expand,
no exclusive club,
no privileges for life.
In the democracy of grief

mine is nothing special,
an allotment of tears
borrowed from a common stream
and returned there.
All mourn all.

Cuando la pena retrocede
a un dolor privado,
caduca el derecho a la atención,
la deferencia a mi lamentable estado
ya no se toma por hecho. Después de todo,

la gente sigue muriendo,
los números de los afligidos amplían,
nada de club exclusivo,
nada de privilegios por vida.
En la democracia del luto

lo mío no es nada especial,
un reparto de lágrimas
prestadas de un riachuelo común
y devueltas allí.
Todos lloran a todos.

Blues for Sam

The air in an empty room weighs more
than anyone could lift alone.
The same goes for an absence:
it requires all hands.

Who's got the heavier end?
She took up half my years
but all of yours.
I don't know how much that weighs.

We shoulder it, don't we, as we did
her last long accidental summer
when everything aligned:
the three of us in the right place,

participants in love's last rituals,
drudgery and devotion
carried out in sanctuary quiet.
We still blew up, broke things,

hurt and were hurt, contained it
until what was coming came.
A week later we carried it
high into the Pyrenees,

El aire en una habitación vacía pesa tanto
que nadie lo puede levantar solo.
Lo mismo por una ausencia:
requiere toda la tripulación.

¿Quién soporta la parte más pesada?
Ella ocupó la mitad de mis años
pero todos los tuyos.
No sé cuánto pesa eso.

Lo asumimos, no, como hicimos
su último verano, largo y accidental,
cuando todo se alineó:
los tres en el lugar correcto,

participantes en los rituales finales del amor,
trabajo penoso y devoción
llevado a cabo en silencio sagrado.
Aún explotábamos, rompiendo cosas,

hicimos y sufríamos daño, lo conteníamos,
hasta que lo que venía vino.
Una semana después lo llevamos
a las alturas Pirenaicas,

vast bowls of rock waiting
to be filled with howling
we didn't release, our calm
reflected impossibly blue

in lakes far below.
We climbed above grief
to see what lay beyond,
then went down to meet it

as it rose toward us,
fog we still grope through
homing in on each other's voices.
They talk everything but –

medieval guilds,
Tuareg blues guitar,
Hegelian dialectics,
duck heart marinade –

words poured around
the hard contour of silence,
the droning bass, the ground
our lives' noise is built on.

cuencos enormes de roca esperando
a llenarse con aullidos
que no soltábamos, nuestra calma
reflejada imposiblemente azul

en lagos muy por debajo.
Subimos por encima del luto
para ver lo que había más allá,
luego bajamos para encontrarlo

mientras subía hacia nosotros,
niebla donde aún vamos a tientas
guiados por la voz del otro.
Hablan de todo menos –

gremios medievales,
guitarra blues Tuareg,
dialéctica Hegeliana,
marinada de corazón de pato –

palabras vertidas alrededor
del contorno duro del silencio,
el bordón bajo, fondo
del ruido de nuestras vidas.

We tamp down stoically
the howl that's trying to escape
and only gains its freedom
when we're apart. So be it,

but let's talk about her tonight –
how laughter possessed her,
shook her into helplessness,
the way we drove each other mad,

her comforting predictability,
how we heard her love speak
through food and worry,
what she'd say if she walked in –

and keep the promise
we know she heard
whether we spoke it or not,
to hold together and lift.

Estoicamente apisonamos
el aullido que quiere escapar
y solo se libra
cuando no estamos juntos. Vale,

pero hablemos de ella esta noche –
cómo la risa solía poseerla
hasta la descompostura,
cómo nos volvíamos locos,

su previsibilidad reconfortante,
cómo oímos hablar su amor
tras comida y preocupación,
lo que diría si pudiera entrar –

y cumplir la promesa
sabemos que ella oyó
tanto si lo dijimos o no,
de agarrar juntos y levantar.

Adiós, Pareja

Your hometown friends greeted us
¡Adiós, pareja! hello and goodbye,
a welcome for newlyweds,

a couple now, saluted as a unit,
indivisible. We happily got used
to the treatment, no matter

what shards of individuality
remained embedded in us. Marriage
took hold, the home built in another

we sometimes rebelled against.
One day, angry over something,
we walked sullen and apart

and as we passed saw ourselves
in tinted office building glass.
¡Adiós, pareja! I said. You cried

and we saved ourselves with laughter.
Still I say it silently or aloud
to the couple we will always be

Adiós, pareja

Tus amigos lugareños nos saludaron
¡Adiós, pareja! Hola y hasta luego,
un bienvenido a los recién casados,

una pareja ya, recibida como unidad,
indivisible. Alegremente nos habituábamos
al tratamiento, fueron que fueron

los fragmentos de la individualidad
aún incrustados en nosotros. El matrimonio
se estableció, hogar construido en el otro

que en su contra a veces rebelábamos.
Un día, enfadados por algo,
anduvimos huraños y alejados

y de paso nos vimos en cristal teñido
de un edificio de oficinas.
¡Adiós, pareja! dije. Lloraste

y nos salvábamos con risas.
Aún lo digo, silenciosamente o en voz alta,
a la pareja que siempre estaremos

in photos and remembrances
left in death's wake. I say it again
when passing the same building,

trying to see us there, imagining
the mirror glass had frozen motion,
held our image, repaired everything.

Though now I walk alone, *pareja*,
this is an unending *adiós*
and you still walk with me.

en fotos y recuerdos dejados
en la estela de la muerte. Lo repito
pasando el mismo edificio,

tratando de vernos allí, imaginando
que el cristal reflejante había congelado el movimiento,
conservando nuestra imagen, arreglando todo.

Aunque ya camino solo, pareja,
este adiós no terminará,
y aún caminas conmigo.

Epilogue

Look Up

I stand outside myself, rapping
on the safety glass
for my attention. I look up
to see nobody there
and go back to what I was doing.

But something's been written.

Alza la vista

Estoy afuera de mí mismo, golpeando
en el vidrio de seguridad
para mi atención. Alzo la vista,
no veo a nadie allí
y vuelvo a lo que hacía antes.

Pero algo se ha escrito.

Esta primera edición de
#Look Up. Poems
#Alza la vista. Poemas,
de Cary Barney,
terminó de imprimirse
en mayo de dos mil veinticuatro.